Où es-

Sylvia De Angelis

Illustrations: Fabrice Boulanger

Directrice de collection: Denise Gaouette

Rat de bibliothèque

Catalogage avant publication de Bibliothèque et Archives Canada

De Angelis, Sylvia

Où es-tu Mini-Pou?

(Rat de bibliothèque. Série jaune; 12)
Pour enfants de 6-7 ans.

ISBN 2-7613-2182-0

I. Boulanger, Fabrice. II. Titre. III. Collection: Rat de bibliothèque (Saint-Laurent, Québec). Série jaune; 12.

PS8607.E22O92 2006   jC843'.6   C2006-941396-7
PS9607.E22O92 2006

Éditrice: Johanne Tremblay

Réviseure linguistique: Nicole Côté

Directrice artistique: Hélène Cousineau

Édition électronique: Talisman illustration design

© ÉDITIONS DU RENOUVEAU PÉDAGOGIQUE INC., 2006
Tous droits réservés.

On ne peut reproduire aucun extrait de ce livre sous quelque forme ou par quelque procédé que ce soit – sur machine électronique, mécanique, à photocopier ou à enregistrer, ou autrement – sans avoir obtenu, au préalable, la permission écrite des ÉDITIONS DU RENOUVEAU PÉDAGOGIQUE INC.

Dépôt légal – Bibliothèque et Archives nationales du Québec, 2006
Dépôt légal – Bibliothèque et Archives Canada, 2006

1234567890   IML   09876
10937 ABCD   EA16

IMPRIMÉ AU CANADA

Mini-Pou est très drôle.
Il joue toute la journée.
Son jeu préféré est la cache-cache.

Mini-Pou aime jouer des tours.
J'entre dans ma chambre.
— Où es-tu Mini-Pou ?

Je cherche partout.
Je m'approche du placard.
Mini-Pou saute devant moi.
J'éclate de rire et je l'embrasse.

Mini-Pou est curieux.
Il fouine dans tous les coins
de la maison.
— Où es-tu Mini-Pou ?

Je cherche partout.
Mini-Pou est caché
sous une pile de vêtements.
Je le prends et je l'embrasse.

Papa passe l'aspirateur.
L'aspirateur fait beaucoup de bruit.
Mini-Pou se cache quand il a peur.
— Où es-tu Mini-Pou ?

Je cherche partout.
Mini-Pou est dans le lavabo
de la cuisine.
Je le prends et je l'embrasse.

Aujourd'hui, je suis inquiète.
Mini-Pou n'est nulle part.
— Où es-tu Mini-Pou ?

Je cherche partout.
Je regarde sous le divan.
Pas de Mini-Pou.
— Où es-tu Mini-Pou ?

Je regarde dans les armoires.
J'entends miauler faiblement.
— Où es-tu Mini-Pou ?

J'entends miauler plus fort.
Mini-Pou est dans le garde-manger.
Je le prends et je l'embrasse.

À la fin de la journée,
Mini-Pou est fatigué.
— Où es-tu Mini-Pou ?

Je cherche partout.
Je vois une bosse dans mon lit.
Je vois une bosse sous ma couverture.

— Repose-toi, Mini-Pou !